マップ

世界には、洋服以外にもいろいろな衣服があります。インドの「サリー」やガーナの「ケンテクロス」など、それぞれの土地の伝統や歴史のなかで生まれた衣服を「民族衣装」といいます。「民族」とは、人種や文化、言葉などが共通する人々の集まりのこと。民族衣装には、ぼうしやアクセサリー、くつなどもふくまれ、そのとくちょうはさまざまです。近くの国から遠くの国まで、民族衣装にふれる旅に出てみましょう！

JN246212

P.18 ヨーロッパ

SWEDEN

FINLAND

POLAND

GERMANY

ROMANIA

AUSTRIA

HUNGARY

BULGARIA

ITALY

RUSSIA

MONGOLIA

CHINA

KOREA

JAPAN

TUNISIA

EGYPT

SAUDI ARABIA

INDIA

BHUTAN

LAOS

VIETNAM

THAILAND

PHILIPPINES

CAMEROON

KENYA

PAPUA NEW GUINEA

SOUTH AFRICA

INDONESIA

P.2 アジア・オセアニア

AUSTRALIA

NEW ZEALAND

P.34 中東・アフリカ

アジア、オセアニア

P.6 ブータン

きれいな布が
いっぱい！
衣装はどうやって
着ているのかな？

アジアには、日本の「きもの」など前開きで、たけの長いガウンのような形の衣服が多くあります。南アジアでは、インドの「サリー」のように、1枚の布を体に巻く衣服もよく着られます。また、南半球のオセアニアでは、腰に布を巻いただけの衣服もあります。

馬にのりやすい デール

男女ともズボンと革のブーツをはいて、「デール」という、たけの長い上着を着る。馬にまたがりやすいように、デールは足を開きやすい形になっている。また、馬から落ちてもケガをしないよう、金属のかざりなどは使わない工夫がされている。

寒くなると、デールのうえに「フレム」というジャケットをはおる。
フレムは絹でできていて、
美しいもようがししゅうされているよ。

革でできたブーツは、
つま先がツンと
とがっている。

ぼうしには「たましいがやどる」と
考えられ、大切にされている。
先のとがった形は、
天へのあこがれを意味するんだ。

夏用のデールは
生地がうすくてすずしい。
冬用はうらに
毛皮がついていて、
あたたかいよ。

モンゴル

国の半分以上の土地が草におおわれた草原で、昼は気温が40度、夜は0度以下になります。人々は馬やヒツジなどを飼い、牧草を求めて、移動しながら生活しています。衣服は馬にのりやすく、きびしい気候から体を守れるよう工夫されています。

もようが美しいチャイナドレス

中国の女性の衣服として有名な「チャイナドレス」。漢民族の人たちが着ていた「長衫」がもとになった。今は体にぴったりとそう形をしているが、昔はゆったりとしていた。足の横に入っている切れ目は「スリット」といい、馬にのりやすいように作られた。

花や龍などのめでたいもようがししゅうやビーズなどでかざりつけてある。

ミャオ族の民族衣装

少数民族の一つであるミャオ族は、ベトナムやラオスなど東南アジアの国に近い山岳地帯に住んでいる。銀細工の衣装が有名で、女性は銀でできた頭かざりや首かざりを身につける。

おっとっと けっこう重いな〜。銀細工は重さが10キロになるものもあるんだよ！

中国

13億人以上がくらす大きな国なので、地域によって人々の話す言葉や文化がちがいます。中国人の多くは漢民族で、そのほかにミャオ族やイ族、トン族など50以上の少数民族があります。

布をたっぷり使って作られるゴとキラ

ブータンでは、民族衣装を着て学校や仕事場に行く。男性が着るのは「ゴ」、女性が着るのは「キラ」。どちらも、おなか部分の布をあまらせて細い帯でしめる。あまった部分が袋状になるので、ポケットとして使うことができる。

ゴはそで口を折り返して白いうら地を見せて着るよ。

おもて地は絹や毛糸などを織ったもの、うら地は木綿で作られているんだ。

キラのうえに着る上着「テゴ」。

キラは長方形の大きな布。ブラウスのうえから体に巻きつけて「コマ」というブローチで両肩をとめてから、帯でしめる。

キラにはいろいろなもようがあり、仏教に関するモチーフが描かれているよ。

キラやテゴのうえにかける肩かけを「ラチュー」というよ！

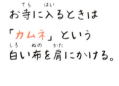

お寺に入るときは「カムネ」という白い布を肩にかける。

ブータン

インドと中国のあいだには、世界一高いヒマラヤ山脈があります。その山々の南側にある海のない小さな国がブータン。ブータンの人々は主にチベット仏教という宗教を信じています。

サ・バイはレースや細いプリーツ、
ししゅうなどで、
美しくかざったものもあるよ。

生地には木綿や麻など、
動きやすくてじょうぶな糸が
使われてきた。
最近は、絹も使う。

体に巻きつけて着る
パ・ヌンとサ・バイ

タイの女性が着るのは「パ・ヌン」と「サ・バイ」。パ・ヌンは、つつ型のたけの長いスカート。サ・バイは帯のような長い布。胸に巻きつけて、あまった部分を左肩にかける。

パ・ヌンは体に合わせて、
ひだをつけて巻き、
ベルトでとめるよ。

タイ

東南アジアの国の一つ。赤道に近い熱帯の国で、1年の平均気温は26〜28度。5〜10月にかけての雨の多い季節は、湿度も高くなります。気温や湿度が高くても気持ちよくすごせるように、民族衣装はすずしく作られています。

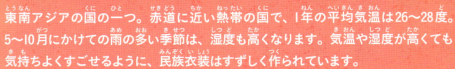

7

もようが美しい シンとパー・ビアン

ラオスの女性の民族衣装は、「シン」というつつ型のスカートと「パー・ビアン」という肩かけ布がとくちょう。女性は小さいころに自分が着るシンの織り方を教わる。結婚するまでに織物のいろいろな技術を覚える。

あざやかなもようのパー・ビアンは、いろいろな色に染めた絹糸を織り機で織って作るよ。

お寺に行くときやとくべつな日には必ずパー・ビアンを左肩からかける。

シンやパー・ビアンの織り方やもようは民族によってちがう。

ふだん着としては木綿、とくべつな日には絹でできたものを選ぶんだ。

ラオス

東南アジアのインドシナ半島にある国。メコン川のまわりでは、稲作がさかん。少数民族が住む村では、ラオスシルクの織物が作られています。また、民族ごとに独自の民族衣装や文化、言葉をもっています。

季節に合わせて着る きもの

「きもの」の原型は今から2000年くらい前に中国から入ってきた。時代や季節、着る場面によって、使われる生地やきものの形はさまざま。もとは「着るもの」という意味で、すべての衣服をさした。今は、和服のことをさす。

アイヌの民族衣装

北海道の先住民族であるアイヌの人々の民族衣装には、独特のきかくもようがししゅうされている。

金や銀の糸を使ったごうかなししゅうをしたきものは、お正月やお祝いごとなどにぴったり。

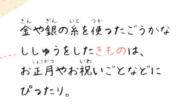

春は梅や桜、夏はトンボ、秋はモミジ、冬はツバキなど、季節感のあるもようもよく描かれる。

色のあるししゅうがされたものを「ルウンペ」というよ。

日本

まわりを海に囲まれた小さな島国。太平洋と日本海にめんしており、細長い形をしています。1年が春、夏、秋、冬の四つの季節にわかれていて、季節ごとに気候がちがいます。

長いそでのワンピース
アオザイ

えりの形や両わきのスリットがとくちょうの「アオザイ」。色糸でししゅうしたり、布を染めたりして、美しいもようを描く。下には「クワン」という、ゆったりとしたズボンをはく。

太陽がまぶしい昼間は、葉や竹などをあんで作った「ノンラー」という笠をかぶるよ。

男性がアオザイを着るのは、結婚式やお祭りのとき。

クワンの色は昔、結婚していない女の人は白、結婚した女の人は黒と決まっていたんだ。

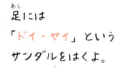

足には「ドイ・ヤイ」というサンダルをはくよ。

ベトナム

東南アジアのインドシナ半島の東のはしにある国。中国の文化のえいきょうを受けたキン族という民族が多くくらしています。ほかにも53の民族がいて、少しずつ文化やくらしぶりがちがいます。

とくべつなときに着る **サリー** は、金銀の糸でごうかにししゅうされているよ。

1枚の布でできた サリーとドーティー

女性は1枚の大きな布を体に巻きつけて着る「**サリー**」、男性は「**ドーティー**」という腰布を身につける。巻き方やひだのつけ方、使う生地、染め方などは地域や職業によってちがう。

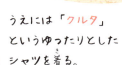

うえには「**クルタ**」というゆったりとしたシャツを着る。

男性のなかには、あざやかに染めた布をロープのようにねじった「**ターバン**」を頭に巻く人もいるんだ。

ドーティーは巻き方によってアレンジができ、腰に巻いたり、ズボンのようにしてはいたりするよ。

サリーは、はばが約1メートル、長さが5メートルもあるんだって！

インド

13億人以上がくらしていて、中国に続いて世界で2番目に人口が多い国です。広い国なので、高原や砂ばく、湿地など、地域によって気候はさまざま。真夏は40度をこえるところもあります。

11

とくべつな日に着る
ハンボク

韓国の民族衣装は「ハンボク」といい、女性は「チマ・チョゴリ」、男性は「パジ・チョゴリ」を着る。ハンボクは、結婚式やお祝いごとなど、とくべつな日に着る。チマは長い巻きスカート、チョゴリはたけの短い上着のこと。

外出するときにかぶるぼうし「コッカル」。馬のしっぽの毛と竹でできていて軽いんだ。

韓国では赤、青、黄、黒、白の5色がしあわせを呼ぶ色とされている。そのため、民族衣装にもこの5色が入るよ。

パジ・チョゴリのうえにはおる外出用の上着「トゥルマギ」。

きれいにししゅうされた「ポソン」というくつしたと、「コッシン」というくつ。

パジは、すその広いズボン。

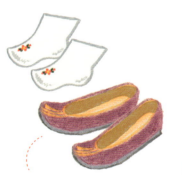

韓国

四季があり、日本と気候がにていたり、昔から国どうしの行き来があったりしたため、民族衣装もきものとにているところがあります。夏は気温が30度以上、冬はマイナス10度以下になります。

色あざやかな メスティサ・ドレス

「メスティサ・ドレス」は、「サヤ」というたけの長いスカートと、「パニュエーロ」というブラウスを合わせたドレス。パニュエーロは肩が大きくふくらんでいるのがとくちょう。サヤは、しっぽのように後ろが1メートルほど長くなっている。

パニュエーロは、パイナップルの葉のせんいを使って織る。

「タピス」というエプロンスカート。

タピスには大きな花もようなどが描かれるよ。

フィリピン

東南アジアの海にうかぶ、大小7000以上の島からなる国。豊かな自然や遺跡など島ごとにちがったみりょくが楽しめます。赤道に近いので、一年中あつくて雨が多いです。

13

暑さをしのぐ
サロンとカバヤ

民族衣装は「サロン」という巻きスカートと、「カバヤ」という短い上着。サロンは1枚の大きな布をつつ型にぬい合わせたもの。それぞれの島ごとに、染め方や織り方にとくちょうがある。「ろうけつ染」で染めた布は「バティック」という。

木綿や絹の布に、ろうでもようを描いて染めるよ。

いろいろな色を使ったバティックは「ジャワ更紗」ともいって、インドネシアの名物。

カバヤを着て「スレンダン」という布を肩からかける。

サロンは「スタゲン」という帯を巻いてとめる。

お祭りのときに着る伝統的な民族衣装にもバティックが使われるんだ。

インドネシア

大小さまざまな島がたくさん集まってできています。赤道のほぼ真下にあるため、一年中あつい。一番大きな島はニューギニア島で、西半分がインドネシア。島の一つであるバリ島は、島独自のダンスが有名です。

頭かざりで、どの民族かがわかる。
鳥の羽や貝がらなどでかざった
大きな頭かざりで、強さをアピール。

けしょうには、ゴクラクチョウと
国旗をイメージした
黄、赤、黒が使われる。
「自分も神様に近づきたい」、
「強くなりたい」という願いが
こめられているんだ。

頭に羽かざりをつけたり、
顔に絵具で
けしょうをしたりして、
ゴクラクチョウをまねるよ。

メケオ族の民族衣装

民族ごとに、せんぞや動物などを神様として信じている。お祭りや儀式などでは、それぞれが考える神様をイメージした衣装やけしょうをする。メケオ族は、パプアニューギニアに住むゴクラクチョウという鳥を神様とする。

頭かざりは大きいものだと2〜3メートルにもなるよ！ ハデでかっこいいな〜。

バナナの葉のせんいをたばねて作った腰みのもある。

パプアニューギニア

太平洋にうかぶニューギニア島の東半分と、そのまわりの600以上の島からなります。約800の民族がいて、それぞれの言葉や文化、民族衣装をもっています。「シン・シン」というお祭りでは、いろいろな民族が集まって、ダンスをおどります。

貝がらや木の葉、鳥の羽などで作ったネックレスやペンダントを首からさげるよ。

お祭りや儀式のときは、鳥の白い羽で作った頭かざりをつける。

はだかに腰巻きとペイント

ヤリやブーメランで動物を狩る、昔ながらの生活をしているアボリジニ。かれらが身につけるのは腰巻き。あとは白い土で、体にさまざまなもようを描く。アボリジニの人たちは絵やもようを描くのがじょうずで、「アボリジニ・アート」として有名。

体に描いたもようで、地位や強さ、勇気を示すんだ。

アボリジニ・アートってすごいな〜。これで強く見えるかな？

オーストラリア

南太平洋で一番大きな国。南半球にあるので、日本とは四季が反対になります。オーストラリアには古くから「アボリジニ」という民族が住んでいます。かれらは自然や動物を大切にして生活しています。

赤、黒、白の タニコあみ

マオリ族の人たちは、お祭りなどのとき「ピューピュー」という腰みのをつける。ピューピューのうえには、「タニコ」というユニークなもようが織られたベルトや衣服を身につける。顔や体に「モコ」といういれずみを入れる人もいる。

女の人は「ポイ」というダンスをおどっているよ！ポイは玉のことで、手でまわすんだ〜。

赤、黒、白で、
三角や四角のもようを織る。
赤は生きる力、黒は死と天国、
白は光ときよらかさを
あらわすよ。

ピューピューは草のせんいを
あんだ布からできているよ。

ニュージーランド

オーストラリアの東側にある島国。大きな二つの島と、たくさんの小さな島からできています。約1000年前から住んでいる「マオリ族」の人たちは、あたたかな気候をいかして、牛や馬、ヒツジなどを飼って生活しています。

雪のなかでも目立つ サーミの衣装

ぼうしは東西南北の方角を示す四つの角をもつものもあるよ。

北極圏に近い地域に住むサーミ族の人々は、青に赤いふちどりのある衣装を着る。あざやかな色は雪のなかで目立つので、人のすがたがはっきりわかる。雪のうえを歩くときは、トナカイの毛皮で作った長ぐつをはく。

つつ型のぼうしは、後ろに長くリボンをたらす。

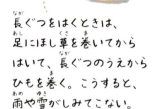

長ぐつをはくときは、足にほし草を巻いてからはいて、長ぐつのうえからひもを巻く。こうすると、雨や雪がしみてこない。

男女とも、青い服のえり、そで、すそなどに赤い布でふちどりをつける。ふちどりには細かいししゅうがしてあるんだ。

フィンランド

国の大半は森林におおわれ、1年の半分以上は気温が10度以下、冬はマイナス20度～40度以下にもなる寒さのきびしい国。北部ではオーロラが見られます。トナカイが放牧され、サンタクロース村があります。

スカウトは三角形の布を、のりでかためて作る。ピンでかみのもにとめてかぶる。

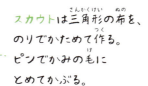

女性がかぶる スカウト

スウェーデンには400以上の民族衣装がある。毎年6月のお祭りには、さまざまな民族衣装を着た人たちが集まる。女性の衣装で多いのは、白いブラウスに赤いベストと、足首までの黒いスカートにエプロン。頭には「スカウト」というぼうしをかぶるのがとくちょう。

ししゅうには、布の強度を高め、じょうぶにするやくわりもある。

地域によって、ぼうしやスカーフのもようや形、ししゅうがちがうよ。

スウェーデン

スカンジナビア半島の東側にある国。国の半分は森林におおわれ、多くのみずうみがあります。森の木を使った家具作りや、アイスホッケーなどが有名です。

ふんわりとしたそで口には
大きなバラのもようが
ししゅうされている。

ウォヴィチ地方の女性の衣装

ポーランド中央部のウォヴィチ地方の女性は、白いブラウスのうえにそでなしのドレスを着る。エプロンには、しまもようやチェックもようの布を使う。黒地に大きな花もようの布でふちどられている。

マゾフシェ地方の男性の衣装

ポーランドの首都ワルシャワも含まれるマゾフシェ地方の男性はそでのないたけの長いコートを着る。しまもようのズボンをブーツのなかに入れてはく。とくべつな日はこのうえから白いコートをはおる。

男女とも
あざやかな
衣装だね！

ポーランド

ポーランドという国名は「平原」という意味。ヨーロッパの中央部にあり、森やみずうみなどの自然が豊か。銅や石炭などの資源が豊富で、ライ麦の生産は世界でもトップクラスです。

タータンは、日本の「家もん」のようなもの。チェックの色やもようによって、身分や出身がわかるんだって。

スコットランドの キルト

イギリス北部のスコットランドでは、男の人も「キルト」というスカートをはく。キルトは「タータン」というチェックもようの毛織物で作ってある。たけの短い上着はもともと軍人の制服だったが、今はふつうの男性もとくべつな日に着る。

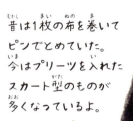

昔は1枚の布を巻いてピンでとめていた。今はプリーツを入れたスカート型のものが多くなっているよ。

いろいろなチェックがあって、見ているだけで楽しいね！

イギリス

ブリテン島のイングランド、スコットランド、ウェールズと、アイルランド島の北アイルランドの四つの地域からなる国。イギリスでサッカーやテニス、ゴルフなど多くのスポーツが生まれました。

女性がかぶる コアフ

西部のブルターニュ地方で、お祭りのときに女性が着る衣装。黒い生地に金銀の糸でししゅうをしたドレス。頭には「コアフ」という、レースのぼうしをかぶる。コアフの形はさまざまで、地方によってちがう。

お皿のような形をしたコアフ。形がくずれないようにのりでかためてある。

30センチ以上にもなるつつ状のコアフ。

2本の角が立っているようなユニークな形のコアフ。

フランス

西ヨーロッパにある六角形をした国。モネやルノワールなど印象派の画家が生まれた芸術の国で、世界遺産が多くあります。毎年大きなファッションショーが開かれる「ファッションの中心地」。ブドウ作りがさかんで、ワインが有名。

フルは、お皿のような平べったいものや三角形をしたものがある。

木で作ったクロンペン

海面より低く、しめった土地が多いので、水がしみてこないように「クロンペン」という木ぐつをはく。女性は、黒い上着と花もようのベストを着て、しまもようのスカートに、黒いエプロンをつける。頭には「フル」という、白いレースでできたぼうしをかぶる。

赤いネックレスはサンゴでできている。なかには、親やせんぞの写真を入れるよ。

ヤナギの木をくりぬいて作るクロンペン。つま先がツンとうえをむいているのがとくちょうなんだ。

フルはフランスのコアフとにているね。国が近いからかな？

オランダ

西ヨーロッパの北海のそばにある小さな国。国の4分の1の土地が海面より低く、その地形をいかして、昔から外国との行き来がさかんです。風車やチューリップ畑があり、チーズ作りが有名。

25

シュヴァルツヴァルト地方の民族衣装

ドイツは昔、いくつかの王国にわかれていたので、民族衣装の種類が豊富。南部ははっきりした色、北部は落ちついた色が多い。南部のシュヴァルツヴァルト地方では、ボンボンかざりがたくさんついたぼうしをかぶる。

結婚していない女性は、赤いボンボン、結婚した女性は黒いボンボンをつける。

農作物のしゅうかくを祝うお祭りでは、かりとった麦を手に持つよ。

とくべつな日には、宝石のついた肩かけをするんだ。

民族衣装は年に一度のお祭りのときくらいしか、見られないんだって。ステキなのになぁ〜。

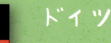

ドイツ

ヨーロッパのまんなかにある国で、南側には山地が多い。ライン川やドナウ川が流れています。第二次世界大戦後は東と西にわかれていましたが、1990年に一つの国になりました。「赤ずきん」などの「グリム童話」はドイツの昔話を集めたもの。

チロリアンハットは、
フェルトでできたぼうしに、
鳥の羽やカモシカの
ひげをかざる。
男性も女性もかぶるよ。

チロリアンハットと レーダー・ホーゼン

オーストリアのなかでも、山が多い地域を「チロル地方」という。チロルの人たちは、「チロリアンハット」というぼうしをかぶる。男性は金属のボタンがついた上着に、「レーダー・ホーゼン」というズボンをはく。

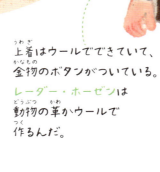

上着はウールでできていて、
金物のボタンがついている。
レーダー・ホーゼンは
動物の革かウールで
作るんだ。

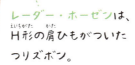

レーダー・ホーゼンは、
H形の肩ひもがついた
つりズボン。

オーストリア

「ヨーロッパの屋根」といわれるアルプス山脈があります。山国なので気候が変わりやすく、雨の日も多い。首都ウィーンは、昔からクラシック音楽がさかんで「音楽の都」といわれています。冬は雪がたくさんふり、スキーなどもさかん。

27

かみにつける花かざり。ドレスとの色合わせがおしゃれ。

フリルがたっぷりついたフラメンコドレス

南部のアンダルシア地方の女性はお祭りやお祝いのとき、そでやスカートに何段もフリルがついた「フラメンコドレス」を着ておどる。男性はたけの短い上着に、ぴったりしたズボンをはいて、つばの広いぼうしをかぶる。

レースでできた「マンティリア」というベール。かみの毛に「ペイネータ」という大きなクシをさして、そのうえからかける。

「セビーヤの春祭り」では、思い思いのフラメンコドレスを着た女性たちが、町中でフラメンコをおどる。

スペイン

南ヨーロッパは海に囲まれていてあたたかい。とくにスペインは明るい太陽の日ざしがふりそそいで、「情熱と太陽の国」といわれています。フラメンコというはげしいダンスや、牛をたたかわせる闘牛などが有名。

サルディーニャ島に残る民族衣装

サルディーニャ島という南にある小さな島に行くと、3000以上の衣装が残っている。島の羊飼いは伝統的な羊の毛皮のコートを着る。女性は、白いレースのブラウスに赤や黒の生地に金のししゅうをした上着を重ねる。スカートのうえには色とりどりのエプロンを身につける。

きちんとした場面では、女性は頭に白いレースのベールをかぶるんだって。

細いひだをたくさんよせて作ったスカートは、広げると円形になるよ。

イタリア

地中海にのびる長ぐつのような形の半島。そのまわりにサルディーニャ島や、シチリア島があります。1300～1600年ごろ、ルネサンスという文化がさかえました。そのため、歴史的なたてものや芸術作品が今でも残っています。

エプロンには、アコーディオンのように細かいプリーツがついているよ。

たけの長い
シュミーズ

女性は「シュミーズ」というたけの長いワンピースを着て、エプロンを身につける。衣装の色は赤、白、黒が基本で、十字やひし形、花がらなどの細かなもようがつながっている。

シュミーズのうえから「スクマーン」という、そでなしのワンピースを着る。

女の子は10代になったらししゅうを習いはじめるんだって！

ししゅうには、悪いものが入ってこないようにする「まよけ」の意味もある。とくに赤色はまよけの力が強いといわれている。

ブルガリア

東ヨーロッパにある小さな国。冬は寒いが、黒海の近くは1年を通してあたたかい。小麦やブドウなどの農業がさかん。ヤギの乳から作られるヨーグルトやチーズ、香水の原料となるバラの生産が有名です。

サラファンとルパシカ

女性は白いブラウスのうえから、「サラファン」というジャンパースカートを着る。スカートのたけは、足首がかくれるくらい長い。男性の衣装は「ルパシカ」。腰まで長いゆったりしたシャツで、左わきをボタンでとめる。そで口やえりにはししゅうがしてある。

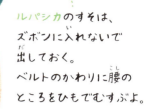

ルパシカのすそは、ズボンに入れないで出しておく。ベルトのかわりに腰のところをひもでむすぶよ。

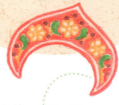

結婚した女の人は、夫以外にかみの毛を見せてはいけない決まりがあったが、お祭りのときは「ココシュニク」という頭かざりをつけてかみの毛を出すこともあった。

赤いサラファンは、結婚式やお祭りなどのめでたいときに着るよ。

ロシア

アジアとヨーロッパにまたがる大きな国。冬は寒く、マイナス10度以下になることもあります。100以上の民族がいて、地域によって衣服やくらしぶりがちがいます。人々は歌やおどりが好きで、オペラやバレエが有名。

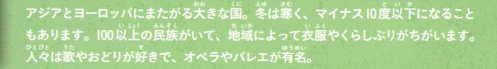

「パールタ」は
しんじゅのような
白いビーズをたくさん
使った頭かざり。

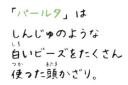

カロタセグ地方の民族衣装

ルーマニアの西側にあるカロタセグは上地方、下地方、ナーダシュ地方の三つにわけられ、地方によって衣装のとくちょうがちがう。

ベストにも生地が
見えないくらい
びっしりとししゅうする。

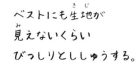

上地方

スカーフは、
わかい女性は
赤や白や黄色。
年をとると、
青や緑や黒にかえるよ。

「カトリンツァ」という
巻きスカートは、
2枚で一組。

花もようのししゅうをした
腰にまくリボン
「パーントリカ」は、
女性たちのあこがれ。

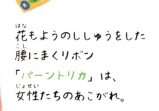

ナーダシュ地方

ルーマニア

東ヨーロッパにある国。黒海に近い東部はあたたかい。南側にはドナウ川が流れており、野鳥が産卵のために集まります。農業と石油の生産がさかん。首都では近代化が進んでいますが、地方では昔ながらのくらしを大切にしています。

32

ししゅうの花びらや葉っぱには
あつみがあって、
うき出たようになっているよ。

花のもようを描く
カロチャししゅう

衣服全体がレースとししゅうでできている。カロチャ地方に伝わるししゅうは「カロチャししゅう」と呼ばれる。ところどころにレースを入れたり、国花であるチューリップやバラをししゅうしたりする。

スカートは細かい
ひだを入れる。
色は青や赤が多い。

地域ごとに使う糸の色がちがう。
結婚している女性は、
ししゅうをしたかぶりものを
するのが決まりなんだ。

せなかにも花のししゅう
がびっしりしてあるよ。

ハンガリー

ヨーロッパの中央にある国で、まわりをルーマニアやクロアチアなど七つの国に囲まれています。ブドウやパプリカなど農業がさかん。首都のブダペストには、あちこちに温泉があります。

中東、アフリカ

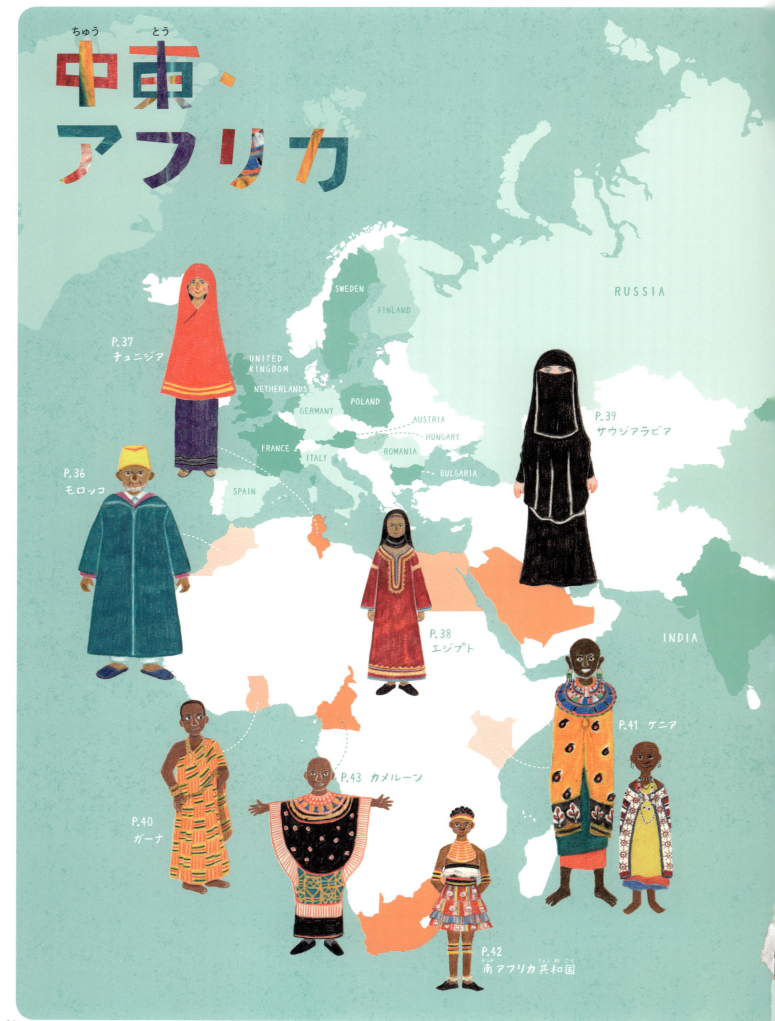

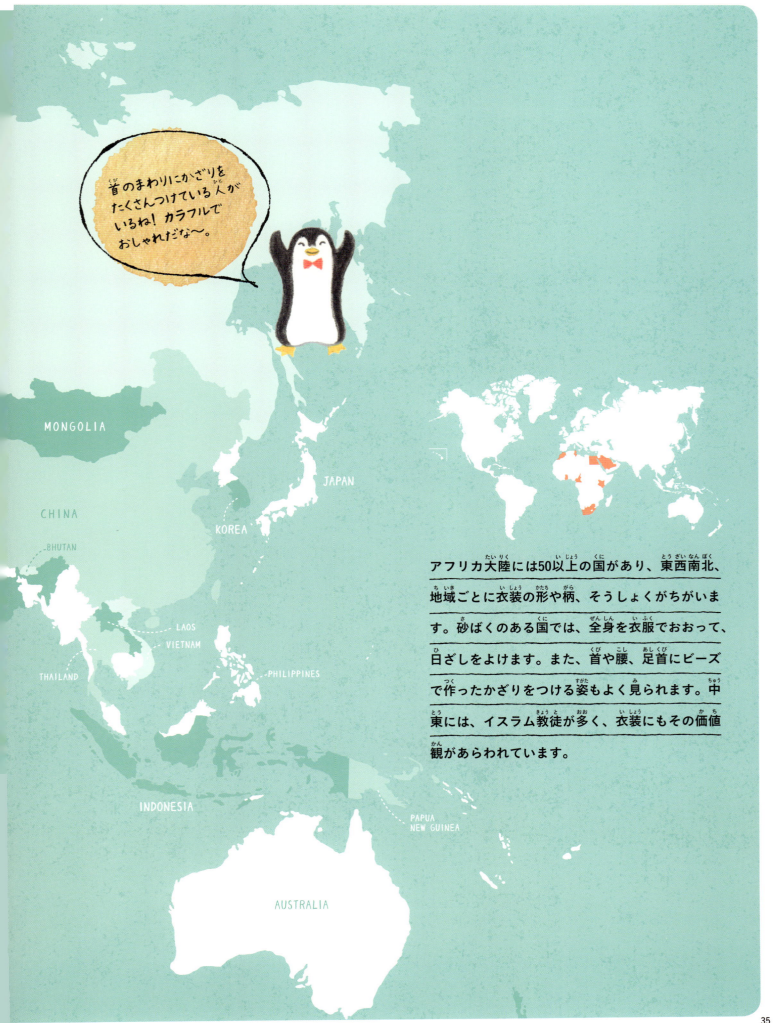

首のまわりにかざりをたくさんつけている人がいるね！カラフルでおしゃれだな〜。

アフリカ大陸には50以上の国があり、東西南北、地域ごとに衣装の形や柄、そうしょくがちがいます。砂ばくのある国では、全身を衣服でおおって、日ざしをよけます。また、首や腰、足首にビーズで作ったかざりをつける姿もよく見られます。中東には、イスラム教徒が多く、衣装にもその価値観があらわれています。

全身をおおう
ジュラバ

モロッコの先住民族であるベルベル族は、男女とも「ジュラバ」というフードつきの上着を着る。昔は、茶色や灰色などが多かったが、今は赤や青などあざやかな色もある。

お祝いの日は白のジュラバとぼうしを身につける。

宗教の決まりで女性が外に出るときは、「レタム」という布で顔をかくすよ。

バブーシュはスリッパみたいだね！

動物の革で作った「バブーシュ」は、かかとをふんではくんだ。

モロッコ

北アフリカにあるモロッコはイスラム教徒が多い国。ヨーロッパに近いため、昔から行き来がさかんでした。古くからこの地に住むベルベル族は、自分たちの文化を大切に守り、今に伝えています。

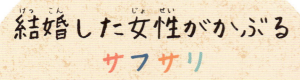

サフサリは
2メートル四方の大きな布。

婚礼のときは、
金のコインがついた
頭かざりをつけて
おしゃれをするよ。

結婚した女性がかぶる
サフサリ

チュニジアで信じられているイスラム教には、結婚した女性は、家族以外の男性に顔やはだを見せてはいけない決まりがある。そのため、外に出るときは「サフサリ」という四角い大きな布を、頭からすっぽりかぶる。

アフリカの強い日ざしから
体を守るやくわりも
あるんだ。

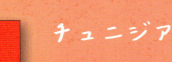

チュニジア

アフリカ大陸の北にある小さな国。南北に長い形をしています。地中海にめんした国で、海をはさんで、イタリアのシチリア島があり、南側にはサハラ砂ばくがあります。今でも多くの古代遺跡が残っています。

砂ばくでもすずしい
ガラビア

ベドウィン族の人々は男女とも「ガラビア」という、ゆったりしたワンピースを着る。「女性は美しい部分をかくすべき」というイスラム教の教えから、顔やかみの毛をかくすスカーフやベールが生まれた。

ベドウィン族の女性は、「ブルカ」というベールを顔につけるよ。

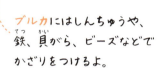

ブルカにはしんちゅうや、鉄、貝がら、ビーズなどでかざりをつけるよ。

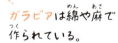

ガラビアは綿や麻で作られている。

男性は頭に「ターバン」を巻いたり、「イカール」という黒いわっかをつけたりする人もいるんだ！

エジプト

アフリカ大陸の北東にある国。ほとんどが砂ばくで、ナイル川という世界一長い川が流れています。古代から文明がさかえていて、ピラミッドやツタンカーメンのマスクなどが有名。ベドウィン族の人たちは、ラクダとともに生活しています。

白黒がとくちょう的な トーブとアバヤ

イスラム教を国教とするサウジアラビアでは、衣服に関して細かい決まりがある。男性は「トーブ」という白いワンピースのような衣服を着る。女性は肌を見せることを禁じられているため、「アバヤ」という黒いガウンを着る。

シュマーフのうえに「イガール」という黒いひもの輪をのせる。

頭には「ヒジャブ」という黒いスカーフをかぶる。

顔にも「ニカブ」という黒い布をかぶる。

頭には「シュマーフ」、「ゴトラ」という白や白と赤のチェックの布をかぶる。

シュマーフやゴトラ、イガールは地域によって名前がちがうよ！

サウジアラビア

アフリカ大陸の北東、アラビア半島にあります。このあたりは、砂ばく地帯で、昼はとてもあつく、夜はぐんと気温が下がります。雨があまりふらず、年間の気温差がはげしいです。石油がたくさんとれるので、世界中に売っています。

ケンテクロスは、
10センチくらいの織物を、
たくさんつなぎ合わせて
1枚の大きな布にするんだ。

ガーナを代表する織物
ケンテクロス

「ケンテクロス」は南部にくらすエウェ族やアシャンテ族に古くから伝わる織物。昔は絹や木綿で織られていて、身分の高い人が着る衣装だった。今はお祭りや儀式のときに着る。

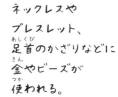

ネックレスや
ブレスレット、
足首のかざりなどに
金やビーズが
使われる。

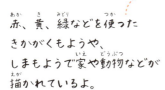

赤、黄、緑などを使った
きかがくもようや、
しまもようで家や動物などが
描かれているよ。

ガーナ

国の北部は砂ばく、南部は熱帯雨林が広がっています。チョコレートの原料であるカカオの生産がさかん。昔から金やダイヤモンドが多くとれるため、「ゴールドコースト（金の海岸）」と呼ばれています。

ビーズの首かざり
マシパイと便利なカンガ

ケニアに住むマサイ族は、男女ともビーズで作った首かざりや耳かざりを身につける。なかでも「マシパイ」という首かざりがとくちょう。女性は「カンガ」という2枚の布を体に巻いている。

カンガは小さな子供をだくときや、ものをつつむときにも使われるよ。

マシパイは色あざやかなビーズでできた首かざり。円ばんのような形をしている。大きさのちがうマシパイをいくつも重ねてつける人もいるんだ。

ケニア

東アフリカにある国で、国のまんなかを赤道が通っています。首都のナイロビは大都市。それ以外の地方では約40の民族が昔ながらの文化を守ってくらしています。コーヒーやお茶作りがさかん。

豊かさをあらわす ビーズのかざり

ズールー族の人たちにとって、ビーズは大切な衣装の一部。赤ちゃんは服を着るより前に、ビーズの腰巻きをして、腕や足首にビーズのかざりをつける。歳を重ねるほど、たくさんのビーズを身につける。

色とりどりのビーズをつないだネックレス。「ビーズ・アート」と呼ばれ、世界中で人気がある。

結婚式でズールー族の女性が身につける肩かけ。式が終わると、エプロンとして使うよ。

ビーズは昔、お金として使われていたんだって！

南アフリカ共和国

アフリカ大陸の一番南のはしにあります。ダイヤモンドや金がたくさんとれるため、50以上の国があるアフリカのなかでも豊かな国。古くから住むズールー族は農業をしたり、牛やヒツジなどを飼ったりしてくらしています。

民族によって、羽かざりのついたものや毛糸であんだものなど、さまざまなぼうしがあるよ。

ゆったりしてすずしい衣装

男性はゆったりとした衣服を着て、ズボンとサンダルをはく。ぼうしをかぶるのが一人前の男性のあかしとされている。女性は胴巻きと腰巻きを巻いて、頭にはずきんをかぶる。

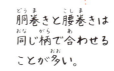

胴巻きと腰巻きは同じ柄で合わせることが多い。

円形のえりがとくちょうで、全体にししゅうでもようが描かれているよ。

カメルーン

アフリカ中部の西側にある、細長い三角形をした国。南部は熱帯雨林、北部はサハラ砂ばくに近くて雨が少なく、西部は海のそばで雨が多いです。地域によって気候がちがうので、人々のくらしぶりや文化がことなります。

アメリカ

(アラスカ)

(ハワイ)

P.46-47
アメリカ合衆国

P.53
メキシコ

P.51
コスタリカ

P.48
パナマ

P.55
エクアドル

P.49
ペルー

アメリカ大陸は北と南があって、文化も気候もちがいます。そのため、民族衣装も種類が多くあります。狩りをしてくらしていたアラスカなどの民族は、衣服に動物の革や毛を使い、赤道に近い国では、ペルーの「ポンチョ」のように、布のまんなかにあけたあなから首を通す衣服がとくちょう的です。アマゾンなどのジャングルでは、ほとんどはだかでくらす民族もいます。

アメリカの先住民族たちの衣装

アメリカの先住民族には、コマンチ族やナバホ族などさまざまな部族がいる。住む場所や文化、衣服は部族ごとにちがう。

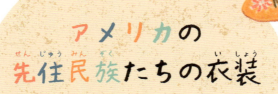

ビーズやししゅうでかざりつけられているよ。

シカの革をぬい合わせたアメリカの伝統的なくつ「モカシン」。

布のはしを細かくさいてふちにつけるフリンジでかざる。

銀や天然石で作ったアクセサリーもとくちょう的。

コマンチ族

ナバホ族

衣服には鳥の羽や、ビーズのかざりが使われるよ。

毛糸の上着を着るよ。赤色を好む部族で衣服によく使われるんだ。

アメリカ合衆国

大陸のまんなかにある本土や、カナダをはさんで、大陸のはしにあるアラスカ、太平洋にうかぶハワイなどからなる大きな国。先住民族の人々はもともと、狩りをしてくらしていた。

イヌイットの民族衣装

アラスカ州にはイヌイットという民族がくらす。北極に近くて寒いため、毛皮や鳥の羽毛が入ったフードつきのコートを着る。

フードやそで口に毛皮が使われているので、とてもあたたかいよ。

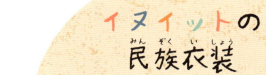

ハワイの民族衣装

ハワイ州では、女性は「ムームー」というたけの長いゆったりしたドレスを着る。男性は「アロハシャツ」とズボン。

ムームーにはハワイに咲く花や動物が描かれているよ！

アロハ〜♪ アメリカは大きい国だから、民族衣装がたくさんあるんだね！

絵がらが美しい
モラ

カリブ海にうかぶ小さな島々にくらすクナ族の女性は、「モラ」というはなやかなブラウスを着て、巻きスカートをはく。頭には「パニュエラ」や「ムスエ」と呼ばれるずきんをかぶる。金の鼻輪や、ネックレスをつけるのもとくちょう。

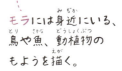

モラには身近にいる、鳥や魚、動植物のもようを描く。

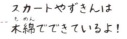

スカートやずきんは木綿でできているよ！

大人の女性は、赤い布に黄色でもようを描いたずきんをかぶる。

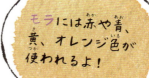

モラには赤や青、黄、オレンジ色が使われるよ！

パナマ

アメリカ大陸の南北のさかい目にある国。大陸のなかでもっとも大きな熱帯雨林があります。太平洋とカリブ海をむすぶ運河を利用した貿易や、バナナさいばいなどの農業がさかん。

ぼうしが目立つ ケチュア族の衣装

ケチュア族の女性は「チャケタ」という長そでの上着を着て、ひだがたっぷり入ったスカートをはく。そのうえから「リヒヤ」という肩かけをする。とくに「ソンブレロ」や「チュユ」と呼ばれるどくとくなぼうしがとくちょう。

「ふちのあるぼうし」という意味のソンブレロ。お皿のような平べったい形をしているよ。

チュユは毛糸であんだ円すい形のぼうし。

日ざしが強くてあつい国なので、衣装も赤や黒、青、緑などはっきりした色合いが多いんだ。

リヒヤは長方形の大きな布。前面をピンでとめている。

男性は「ポンチョ」という、布のまんなかのあなから首を出す衣服を着るよ。

ぼうしをぬぐと病気になると信じられているから、外ではぜったいぬがない人もいるんだって。

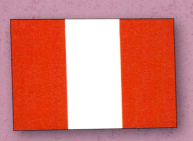

ペルー

南アメリカの太平洋側にあり、海の近くは砂ばく。アマゾン川が流れていて、ジャングルが広がっています。インカ帝国の遺跡であるマチュピチュやクスコ旧市街などが、見られます。

色あざやかな肩かけマンタ

ボリビアの先住民族の一つであるアイマラ族は、伝統的な民族衣装を着ていることが多い。女性はブラウスのうえにししゅうの美しい「マンタ」という肩かけを着る。マンタの中心につける魚のブローチもとくちょう。

「ソンブレロ」というぼうし。男の人も女の人もかぶるよ。

「ポイエラ」というスカートは大きなひだがとくちょう。ポイエラは5、6枚重ねてはく。

ラマの毛や麻で織ったマンタ。植物のししゅうでかざられる。

ボリビア

南アメリカ大陸の東側にあります。国の3分の1はアンデス山脈なので、「高原の国」といわれています。南アメリカのなかでも、先住民族が多くくらす国で、民族衣装を着た人たちをよく見かけます。

3色のフリルが美しいスカート

コスタリカの民族衣装は、スペインのフラメンコドレスとにている。女性はすその広いスカートとブラウスを着る。スカートは3色の段がわりになっているのがとくちょう。スカートを目立たせるため、ブラウスは白が多い。

体を動かすと、スカートがふわっと開いたり、すそがゆれたりして美しい。

ブラウスは肩のまわりにフリルがついているよ。

お祭りではみんなが民族衣装を着ておどるんだって。きれいだろうな〜。

コスタリカ

太平洋とカリブ海にはさまれた細長い形の国。コーヒーやバナナ作りがさかんで、国立公園ではナマケモノやワニが保護されています。昔、スペインに支配されていたことがあって、人々のくらしにもヨーロッパ風のものが多く見られます。

頭に巻いているのは
「シンタ」。
長い布をかみのもと
いっしょにねじって、
ドーナツのような形に巻くよ。

ウィーピルには、ひし形や
動物の形などを組み合わせた
もようを織るんだ。

あざやかな色ともようが美しいウィーピル

女性は「ウィーピル」というブラウスを着る。
ウィーピルは、布のまんなかにあなをあけて頭からかぶる衣服。ウィーピルはグアテマラやメキシコなどで、マヤ文明の時代から伝わる衣装で、色ともようが美しい織物。

赤地の巻きスカートをとめる
「ファハ」という帯。

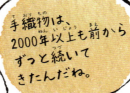

手織物は、
2000年以上も前から
ずっと続いて
きたんだね。

グアテマラ

メキシコの南にある小さな国。1年を通して気温が20度くらいで、すごしやすいです。紀元前250年ごろ（今から2300年ほど前）に、マヤ文明という文明がさかえました。その都市のあとが今でも残っています。

ゲラゲッツァの お祭りで着る民族衣装

オアハカで年に一度行われる「ゲラゲッツァのお祭り」では、地域ごとにはなやかな民族衣装を着て、独自の踊りをひろうする。女性の民族衣装は、長方形の布を折りたたんで作った「ウィーピル」。ウィーピルは、民族によってししゅうや色がちがっておもしろい。

白い木綿の布に、色とりどりの毛糸でもようをししゅうするよ。

お祭りではパイナップルをかかげておどるのがとくちょう！

黒い毛糸やカラフルなリボンをあみこんだ「ブレード」を頭につける。

お祭りやパーティーのときには白いレースで頭をかざるんだ。

ウィーピルもスカートも美しい花のししゅうでうめつくされているよ。

ウィーピルの下には横じまの巻きスカートをはくよ。

サポテコ族

チナンテコ族

メキシコ

アメリカ合衆国の南にある国。メキシコのなかでも、先住民族たちの子孫が多くくらしているオアハカ。チナンテコ族やサポテコ族など民族ごとに伝統文化や民族衣装が受けつがれている。

53

あつい地域でくらす
マカ族

町でくらす人たちは、洋服を着て生活している。ジャングルは一年中あついので、ほぼはだかに近いかっこうでくらしている人たちがいる。身につけるのは、腰巻きとアクセサリー。

顔にはユニークなもようのけしょうをする。
森の奥深くに住んでいるので、衣服を着るしゅうかんが伝わらなかったんだ。

女性は色あざやかな糸であんだネックレスをする。

男の人も女の人も、上半身ははだか。下は布や腰みのを巻くよ。

けしょうやネックレスがカラフルできれいだね！

パラグアイ

南アメリカのまんなかにある国。東には森林、西には大草原が広がっているので、牧畜が行われています。牛やヒツジを移動しながら育てる人々が多くくらしています。マテ茶や、大豆作りがさかんです。

白いブラウスと黒いスカート

北部に住むオタバロ族の女性は、白いブラウスを着て、たけの長い黒いスカートをはく。腰には手織りのベルトを巻く。おとなの女性も女の子も、金色のビーズをつなげたネックレスを、いくつも重ねてつける。

寒いときは、布を肩にかけたり、体に巻いたりするよ。

黒っぽい色の巻きスカートと、レースやフリル、ししゅうのついた白いブラウスがきほん。

エクアドルの女の人たちは、昔から手芸がじょうずなんだね。

エクアドル

南アメリカ大陸で、赤道の真下にある国。自然が豊かで、絶滅が心配される動物や、めずらしい植物が見られるガラパゴス諸島が有名。

55

民族衣装は何からできている？

民族衣装では、植物のせんいで糸や布を作ったり、動物の毛や革で衣服やくつを作ったり、貝がらや石でアクセサリーやかざりを作ったりする。どんなものが使われているのか見てみよう。

植物

植物のせんいを取り出して、細く長くのばすと糸になる。それを織って作るのが布。木綿は、綿のたねの部分を細くのばしたもの。麻の葉やくき、パイナップルの葉などからもせんいが取れる。絹はカイコという虫がはき出した糸。ほかにも羊毛や羽毛、麦わらなど、さまざまなせんいがある。

P.7 タイ

P.8 ラオス

動物

牛や馬、シカなどの動物の革を、とくべつな液につけたり薬品をぬったりして、強くやわらかくする。それを切ったり、ぬい合わせたりして衣服やカバン、ベルト、くつ、ぼうしなどを作る。ほかにも、カンガルーやダチョウ、ワニなど、めずらしい動物の革も使われている。

P.20 フィンランド

P.46 アメリカ合衆国

ビーズ

布や革などにぬいつけてかざりにしたり、ビーズのあなにひもを通してネックレスにしたりする。貝がらや動物のほね、石など自然のものから作る以外に、今はガラスやプラスチックでも作る。世界で一番古いビーズは、7万5000年前の貝がらビーズで、南アフリカで発見された。

P.41 ケニア

P.42 南アフリカ共和国

金銀

ネックレスやブレスレットなどのアクセサリーに多く使われる。糸を使って、ししゅうすることもある。金や銀はやわらかい金属なので、たたいてのばしたり、もようをほったりしやすい。さまざまな民族が「豊かさのあかし」、「権力のしるし」として大切にしている。

P.37 チュニジア

P.40 ガーナ

竹永絵里（たけなが・えり）

イラストレーター。多摩美術大学美術学部情報デザイン学科卒業。
F-SCHOOL OF ILLUSTRATION、山田博之イラストレーション講座受講。
書籍、広告、WEB、雑貨デザインなどで活躍中。
多くの人に親しまれるイラストを描く。
近年は、海外でも個展やワークショップを開催。趣味は旅行！
HP：https://takenagaeri.com

編集：ナイスク（https://naisg.com）
プロデューサー：松尾里央
高作真紀／中野真理
執筆：松本理惠子
装丁・デザイン：遠藤亜由美
DTP：高八重子

［参考文献・資料・サイト］

『衣裳の工芸 市田ひろみコレクション』市田ひろみ 著（求龍堂）／『世界の衣装をたずねて』市田ひろみ 著（淡交社）／『改訂新版 辞書びきえほん 世界地図』陰山英男 監修（ひかりのくに）／『更紗今昔物語─ジャワから世界へ─』（国立民族学博物館）／『世界の民族衣装の事典』丹野郁 監修（東京堂出版）／『世界の衣装』（パイ インターナショナル）／『スコットランド タータンチェック紀行』奥田実紀 著（産業編集センター）／『国際理解に役立つ世界の衣食住 全10巻』（小峰書店）／『世界のかわいい民族衣装』上羽陽子 監修、『カロタセグのきらめく伝統刺繍』谷崎聖子 著（誠文堂新光社）／『世界の愛らしい子ども民族衣装』国際服飾学会 監修（エクスナレッジ）／『民族衣装絵事典』高橋晴子 監修（PHP研究所）／『アジア・中近東・アフリカの民族衣装』、『ヨーロッパの民族衣装』芳賀日向 監修（グラフィック社）／『五色の燦き』（東京家政大学出版部）／「田中千代インターネット記念館」

わくわく発見！世界の民族衣装

2017年11月20日　初版発行
2024年 7 月30日　2版発行

画：竹永絵里
発行者：小野寺優
発行所：株式会社河出書房新社
〒162-8544　東京都新宿区東五軒町2-13
電話　03-3404-8611（編集）03-3404-1201（営業）
https://www.kawade.co.jp/

印刷・製本　TOPPANクロレ株式会社
Printed in Japan　ISBN978-4-309-61344-4
落丁・乱丁本はお取り替えいたします。
本書のコピー、スキャン、デジタル化等の無断複製は著作権法上での例外を除き禁じられています。本書を代行業者等の第三者に依頼してスキャンやデジタル化することは、いかなる場合も著作権法違反となります。

民族衣装の組み合わせわかるかな？

それぞれの民族衣装に合うものをえらんでね！

寒いときにはおる上着はど〜れ？

モンゴル

答えはP.4へ

女の人がかぶるぼうしはど〜れ？

ドイツ

答えはP.26へ